Jens-Florian Groß

Martin Arnold und seine Filme

GRIN Verlag

Bibliografische Information der Deutschen Nationalbibliothek:

Die Deutsche Bibliothek verzeichnet diese Publikation in der Deutschen National-
bibliografie; detaillierte bibliografische Daten sind im Internet über http://dnb.d-
nb.de/ abrufbar.

Impressum:

Copyright © 2003 GRIN Verlag GmbH
Druck und Bindung: Books on Demand GmbH, Norderstedt Germany
ISBN: 978-3-656-52393-2

Dieses Buch bei GRIN:

http://www.grin.com/de/e-book/39229/martin-arnold-und-seine-filme

Martin Arnold und seine Filme

Universität Lüneburg

28.09.2003

Jens-Florian Groß
4. Semester
Angewandte Kulturwissenschaf-
ten

Gliederung

Einleitung

Der 1959 geborene Filmemacher Martin Arnold studierte zunächst Psychologie und Kunstgeschichte in Wien. Ende der 80er Jahre fing er mit ersten Filmprojekten an, erstellte kleine Kurzfilme und arbeitete an Werbefilmen. Bedeutend sind jedoch vor allem vier Werke, die zwischen 1989 und heute entstanden: *pièce touchée*, *passage á l'acte*, *Alone Life Wastes Andy Hardy* und *Deanimated*. Bei all diesen Projekten arbeitete Arnold mit vorgefundenem Filmmaterial, vornehmlich aus Hollywoodfilmen der 40er bis 60er Jahre. Weiterhin ist Martin Arnold Mitbegründer des unabhängigen Filmvertriebs *Sixpackfilm*.

Der Kritiker Akira M. Lippit beschreibt Arnolds Kino als die Gedächtnismaschine Hollywoods und unterstellt Arnold analytische Absichten im Sinne einer Psychoanalyse.[1] Arnold arbeitet mit seinen Filmen die Vergangenheit Hollywoods auf, legt dabei die unbewusst eingeschriebenen Gesellschaftlichen Kodes und Verhaltensweisen bloß. So liegt hinter einer Geschlechterrelation in einem Film zugleich auch ein übergroß gezeichnetes, aber vom Filmgeschehen überdecktes, Bild des Geschlechterverständnisses der Drehzeit. Arnolds psychologische Vorbildung macht sich deutlich bemerkbar, so auch in seinen Filmtiteln: *Passage a l'acte* bedeutet „aus sich herausgehen" im Sinne eines Aussetzers, so wie die impulsiven Handlungen gewalttätiger Menschen, während *Pièce Touchée* eine doppelte Bedeutung hat, zum einen ist es ein Ausdruck aus der Schach Terminologie: berührt ein Spieler eine der Spielfiguren, so ist er verpflichtet mit dieser Figur seinen Zug zu machen, zum anderen wählte Arnold diesen Titel, da nicht nur der Film die Spannung von Berührungen benutzt, sondern auch er selbst bei der Arbeit das Material wieder und wieder berühren musste.[2]

Neben aller ernsthafter Auseinandersetzung mit Hollywoods Unbewusstem, schimmert bei Arnold jedoch stets ein spielerischer Humor hindurch, der sich auch die Freiheit nimmt, Augenzwinkernde Referenzen auf vorhergehende Avantgardefilmmoden zu setzen.

Mit seinem jüngsten Werk Deanimated entfernt sich Arnold aus dem Kino als Filmraum, und betritt das Feld der Kunst, dieses 60 Minuten Werk wird nur in Museen als Videoinstallation präsentiert. Damit folgt er Peter Kubelka, der auch schon Film und Aktions-

---

[1] Vgl. Lippit, Akira M.: Martin Arnold's Memory Machine. In: Afterimage. The Journal of Media Arts and Cultural Criticism. Vol. 24 No. 6, Rochester, NY 1997. S. 8-10.
[2] Vgl. Mac Donald, Scott: Martin Arnold. In: A Critical Cinema III: Interviews with Independent Filmmakers. Berkley 1998. S.347-362.

kunst zusammenbrachte und als einer der geistigen Väter Martin Arnolds bezeichnet wird. Von Kubelka hat Arnold auch die Konzentration auf das einzelne Bild. „I was interested in using single frames, and I think the film-maker who influenced me most in this approach was Peter Kubelka who was very active in giving lectures in Vienna…"[3]
Ich werde mich an dieser Stelle nur mit zwei Filmen Martin Arnolds eingehend befassen, diese beiden (Pasage á l'acte und Alone Life Wastes Andy Hardy) stellen aber alle Aspekte seiner Filmkunst anschaulich dar.

---

[3] Martin Arnold im Interview mit Mika Taamila.
www.avantofestival.com/avanto2001/2001_screenings/fv_arnold_interview.html.

Passage á l'acte

Martin Arnolds zweiter, 12 Minuten dauernder Film *Passage á l'acte* ist aus einem Ausschnitt des Hollywoodfilms *To kill a mocking bird* (der deutsche Titel war: Wer die Nachtigall stört) entstanden. Dieser 1962 erstaufgeführte Film erzählt eine Geschichte um einen zu unrecht angeklagten Schwarzen, in den 30er Jahren des 20. Jahrhunderts und thematisiert damit Rassismus und Benachteiligung der schwarzen Bevölkerung in den Vereinigten Staaten von Amerika. Arnold jedoch wollte nicht auf die Rassismusthematik rekurrieren, sondern entschied sich für diesen Ausschnitt um "...a scene of a family at the diner table, where the family, home, and gender theme could pair best with my formal ambition to work with repetitions of sounds."[4] zu wählen.

Die gewählte Szene ist für die eigentliche Erzählung von *To kill a mocking bird* nicht relevant, zeigt aber sehr deutlich das Familien- und Rollenverständnis das Hollywood in die Filme dieser Zeit einschrieb. In jener Szene wird eine Familie, bestehend aus den Eltern, einem Jungen und seiner jüngeren Schwester, am Esstisch gezeigt. Der Junge steht vor allen anderen auf und rennt nach draußen, doch der Vater ruft ihn zurück und fordert ihn auf zu warten, bis seine Schwester ebenfalls fertig ist, der Junge kehrt zurück, setzt sich und treibt die Schwester zur Eile an, diese erklärt schließlich sie sei fertig, gibt dem Vater einen Kuss auf die Wange und beide Kinder verlassen den Raum. Im Hintergrund ist für einen kurzen Moment eine schwarze Hausangestellte zu sehen.

Martin Arnold hat diese Szene in ihre Einzelbilder zerlegt und wiederholt nun wie Zögern und Stottern in Schleifen und Rücksprüngen wieder und wieder die selben Bilder und Geräusche, dabei geht er wesentlich freier mit dem Material um als noch in seinem vorhergegangen Werk Pièce touchée. Zudem verwendet er bei Passage á l'acte den Original Film Ton, den er ebenso zerlegt und in Schleifen wiederholt wie das vorgefundene Bildmaterial. Hierdurch erhält der Film eine starke Rhythmisierung, die an Tape- oder HipHop-Musik erinnert. Ein Löffel auf dem Teller wird ebenso zum Rhythmusinstrument wie das Zuschlagen der Tür hinter den herausstürmenden Kindern, und das Warten des Jungen auf die, langsamere, kleine Schwester wird durch Schleifen selbst dem Zuschauer unerträglich. Und so sagt Martin Arnold selbst: "I think I have been influenced not so much by American films as by contemporary American music. Hip Hop for example [...]."[5]

---

[4] Scott MacDonald in a critical cinema S.351
[5] ebd.

Exkurs: Sampling

Ein Sample ist eine Kostprobe ein kurzer Ausschnitt, der moduliert werden kann. Im Gegensatz zum Zitat soll das Sample die ursprüngliche Sinngebung nicht transportieren, sondern im Zusammenspiel mit weiteren Elementen, etwas Neues hervorbringen.

Durch seine Veränderbarkeit kann das Sample optimiert werden, ein Geigenton wird absolut rein, Anschlag, Dauer und Loslassen können beliebig variiert werden. Damit können aus Samples hyperreale Konstrukte entstehen, Werke von Reinheit und Klarheit wie sie direkt nie erzeugt werden könnten.

Martin Arnold sampled nicht, denn im strengen Sinne ist nur ein digitalisiertes Schnipsel ein Sample, Arnold arbeitete zumeist mit analog Material, doch seine Technik gleicht dem Samplen und entstammt der gleichen kulturellen Praxis: dem spielerischen zitieren, reflektieren und modulieren des kulturellen Gedächtnisses. Wenn Martin Arnold auf Hollywoodfilme zurückgreift, so erobert er einen Teil des hyperrealen Raumes zurück und bricht ihn herunter auf die Ebene des Hand- des Selbstgemachten.

„Sampling als künstlerisch-produktives Verfahren 'unterwandert' die - etwa im Shannonschen Modell dargestellte - zielgerichtete Übertragung von der "Source" zur "Destination". Statt eines möglichst genauen Abbildungsprozesses des Inputs auf den Output setzt es so einen Produktionsprozeß mit Hilfe des seiner funktionalen und kontextuellen Umgebung 'enteigneten' Signals in Gang."[6]

Seit 1987 ist Sampling essentieller Bestandteil der HipHop Musik, alte Schallplatten bildeten die Grundlage neuer Songs, Samples wurden nicht nur mehr zusätzlich in Stücke eingearbeitet, sondern ganze Stücke bestanden nunmehr aus ihnen. Das Sampling verwischt so die Grenzen zwischen Produzent und Konsument, denn nicht mehr die Fähigkeit zur Ton-, Bilderzeugung macht den Produzenten aus, sondern vielmehr die geschickte Rekombination vorgefundener Bausteine. Der Filmzuschauer Martin Arnold wird mit einem einfachen technischen Gerät, ohne jemals eine Kamera benutzt oder einen Schauspieler angewiesen zu haben, zum Filmemacher.

---

[6] Grossmann, Rolf: "Xtended Sampling". in: Reck, Hans-Ulrich/ Fuchs, Mathias (Hg.), Sampling. Arbeitsberichte der Lehrkanzel für Kommunikationstheorie Heft 4, Hochschule f. angewandte Kunst, Wien 1995, S. 38-43.

Ein gutes Beispiel für Sampling im musikalischen und filmischen Bereich ist das Musikvideo zu Janet Jacksons *Got till its gone*: das Stück bedient sich eines Joni Mitchell Samples, aus dem Song *Big Yellow Taxi* und im Hintergrund des Janet Jackson Videos läuft auf einem Fernseher in einer Schleife eine Aufnahme von Joni Mitchell.

Und während Kritiker des Samplings, wie der Musiker James Brown, den gesampleten Stücken ihre künstlerische Eigenständigkeit absprechen – dabei spielen jedoch vor allem juristische, nicht künstlerische, Überlegungen eine Rolle – so ist man in der Musik- und Kunsttheorie dazu übergegangen das Sampling als Technik gleichgestellt mit der Collage und anderen Formen kreativen Umgangs anzusehen, denn was anderes ist beispielsweise *Schreiben*, wenn nicht Samplen von Wörtern? Nichts kann neu erfunden werden, und gerade in der Neuverwendung und Rekombination entstehen die interessanten Brüche, die abgesehen vom umgebenden Material das eigentlich Neue, das Kreative ausmachen.

Alone Life Wastes Andy Hardy

Der 1998 fertig gestellte Film *Alone Life Wastes Andy Hardy*[7], dauert 15 Minuten und stellt in mehrfacher Hinsicht etwas Neuartiges im Schaffen Arnolds dar. Technisch ist er, wie *passage á l'acte,* mittels optischem Printer aus 16mm Filmstreifen zusammen kopiert und nachträglich mit auf Magnetfilm kopiertem Ton versehen. Doch erstmalig verwendet Martin Arnold Material aus mehreren Filmen, hier sind es Ausschnitte aus einer neunteiligen Filmreihe, die zwischen 1938 und 1958 entstand. Erstmals enthalten die verwendeten Passagen Schnitte, die schon so im original Material vorhanden waren. Auch die Erzählstruktur dieses Werkes hebt sich von den vorherigen Arbeiten Arnolds ab, arbeitete er vorher Komik und Spannungen einzelner Szenen fein heraus, spielte mit Mustern, Lauten und Gesten, so fügt sich hier zu alldem noch eine narrative Komponente. Ein ödipales Drama, bestehend aus dem Freudschen Viereck der Erwachsenwerdung: Sohn und Mutter, daraus entstehende Mutterliebe und Liebe zur Mutter, dem Vater als Feind dieses Beziehung und dem Objekt, auf das mit Beginn der Adoleszenz die Liebe zur Mutter übertragen wird: der Freundin. Zu beginn dehnt Arnold einer eher belanglose Szene zwischen Mutter und Sohn derart aus, dass die Bewegungen schmachtend und durch Schleifen reibend, ja beinahe masturbatorisch wirken. Der Gesang der Freundin wird, ebenfalls durch Ausdehnen, vom einfachen Film-Song zur Schluckauf verzerrten Arie an den Geliebten. Eine Ohrfeige des Vaters wird mit einer demütigen Gegenreaktion Andys zusammengeschnitten und hierdurch zur Geste der trotzigen Unterwerfung. Ganz Hollywood typisch kommt es am Ende zum Kuss, jedoch auch diesen loopt und variiert Martin Arnold in seiner typischen Art.

Das verwendete Material ist in zweierlei Hinsicht besonders charakteristisch für das *Old Hollywood,* aber auch für die Art und Weise wie dieses frühere Zeitalter des Filmemachens noch immer nachwirkt. Mickey Rooney, der Hauptdarsteller der Andy Hardy Filmreihe, ist seit 1926 und bis heute im Filmgeschäft – einer, der als Bindeglied mehrere Hollywood-Generationen dient. Seine Filmpartnerin, Judy Garland, erlebte den schnellen Aufstieg als Kinderstar (mit *der Zauberer von Oz*) und starb 1962 an Barbiturat-Missbrauch. Also ungefähr zu jener Zeit als die Art Filme, auf die Martin Arnold mit seinen Werken rekurriert, abgelöst wurde vom sogenannten *New Hollywood*[8].

7

8 Diese Stilepoche wird gewöhnlich zwischen 1967 und 1977 angesiedelt und ist bis heute prägend für Hollywoodfilme

Schlussbetrachtung

Übt Martin Arnold Rache an Hollywood? Oder betreibt er die Rekonstruktion der Bildwelten seiner Kindheit?

Durch die Wiederentdeckung alter Bilder ruft er Archive des kulturellen Gedächtnisses in Erinnerung, anders aber als das Bildzitat, das Hollywood selbst gerne und häufig verwendet, setzt Arnold nicht einfach eine Referenz. Martin Arnold analysiert im eigentlichen Wortsinn: er zerteilt die Filme in ihre Einzelbilder, hat aber nicht, wie Goethes Faust, nur die Bruchstücke seiner Arbeit in der Hand, sondern fügt neu zusammen und legt so bloß, was die Bilder in ihrer ursprünglichen Form verbergen.

„Hollywood Filme sind Filme, die ausgrenzen, reduzieren, ablehnen, repressives Kino. Hinter dem was dargestellt wird, versteckt sich immer etwas, das nicht gezeigt wird."[9]

Dieses Unbewusste des Kinos offen zu legen bemüht sich Arnold. Der Rückgriff auf älteres Material hat nicht nur mit der „Vergessenheit" des Material zu tun, die einen distanzierteren Blick ermöglicht, sondern auch mit Arnolds Kindheit: mit den im Film eingeschriebenen Mustern, analysiert er zugleich die Muster die ihm Fernsehen und Kino in seiner Jugend einprägten.

Das Rassismusdrama „to kill a mocking bird" enthält ein Rollen- und Familienbild, und auch wenn Rassismus diskutiert und problematisiert werden, wird das allgemeine Gesellschaftsbild nicht angetastet. Genau dies ist eine Vorgehensweise, die auch das neue Hollywood nie ganz abgelegt hat, bzw. die - da selten offenbart und kritisiert – sich insgeheim in die Filmpraktiken wieder eingeschlichen hat. Hollywood will den Zuschauer niemals langfristig verstören und rüttelt daher nicht an Rollenmustern, und selbst wenn Filme einzelne Aspekte zum Problem erheben, so wird doch nie das Ganze hinterfragt.

Arnold betreibt sicher keine Gesellschaftskritik mit seinen Filmen, aber er arbeitet heraus mit wie viel Bildkleister Filme die hinter ihnen liegenden Strukturen übermalen.

---

[9] Martin Arnold im Interview mit Nicolas Schmerkin für das ARTE-Magazin *KurzSchluss*

Verwendete Literatur

Grossmann, Rolf: "Xtended Sampling". in: Reck, Hans-Ulrich/ Fuchs, Mathias (Hg.), Sampling. Arbeitsberichte der Lehrkanzel für Kommunikationstheorie Heft 4, Hochschule f. angewandte Kunst, Wien 1995, S. 38-43.

Liebel, Franz: Style Wars. Trends als Krisenphänomen. In: Düllo, Thomas (Hrsg.): Kursbuch Kulturwissenschaft. Münster 1999, S. 111-130.

Lippit, Akira M.: Martin Arnold's Memory Machine. In: Afterimage. The Journal of Media Arts and Cultural Criticism. Vol. 24 No. 6, Rochester, NY 1997. S. 8-10.

Mac Donald, Scott: Martin Arnold. In: A Critical Cinema III: Interviews with Independent Filmmakers. Berkley 1998. S.347-362.

Martin Arnold im Interview mit Mika Taamila.
www.avantofestival.com/avanto2001/2001_screenings/fv_arnold_interview.html.

Martin Arnold im Interview mit Nicolas Schmerkin für das ARTE-Magazin *KurzSchluss*
www.arte-tv.com/emission/emission.jsp?node=188377&lang=de.

Zyrd, Michael: Alone. Life Wastes Andy Hardy.
www.senseofcinema.com/contents/00/10/cteq/alone.htm.